GLOBE TROTTER *junior*

L'AMÉRIQUE CENTRALE

MARION MORRISON

H

Rédacteur : Marion Morrison
Conception : Robert Mathias, Publishing Workshop
Recherches iconographiques : Hugh Olliff
Consultant : Jane Peirson Jones

Illustrations : Ann Savage
Version française : Chantal Cervoni
ISBN collection 2.245.02742.6
ISBN 2.245.00594.5
N° d'éditeur : 9999
Imprimé en ITALIE, par LITHO 800 - MILAN.

SOMMAIRE

SITUATION GÉOGRAPHIQUE

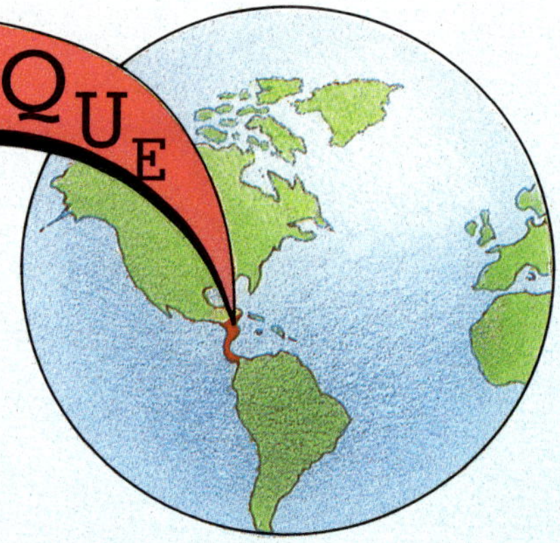

L'Amérique centrale est un isthme, c'est-à-dire une étroite langue de terre, qui relie l'Amérique du Nord et l'Amérique du Sud. Elle est constituée de sept républiques : le Nicaragua, le Salvador, le Costa Rica, le Honduras, la république de Panamá, le Guatemala et le Belize, appelé autrefois le Honduras britannique. Si la république de Panamá fait partie de l'Amérique centrale d'un point de vue géographique, elle est en fait plus proche de l'Amérique du Sud par son environnement et son histoire. Le Mexique, bien que situé entre ces républiques et les États-Unis, n'est pas intégré à l'Amérique centrale. En revanche, les îles de la Baie (Islas de la Bahía) appartiennent au Honduras.

Du côté est, l'isthme est bordé par la mer des Caraïbes (océan Atlantique), tandis que du côté ouest s'étend l'océan Pacifique. La bande de terre est parfois très étroite : 80 km de large à Panamá, ce qui explique le choix de ce site pour la construction du canal reliant les océans Pacifique et Atlantique.

La population est constituée d'Indiens de la région, de descendants des esclaves venus d'Afrique et des Indes occidentales (les Caraïbes) ou des explorateurs et colonisateurs européens.

Petén
Le Petén est un bas plateau recouvert par la jungle, il s'étend sur 33 670 km² entre le nord du Guatemala, le Belize et le Mexique. Jusqu'au Xᵉ siècle, il fut le cœur de la grande civilisation maya. Depuis, le Petén ne compte plus qu'un petit nombre d'habitants. Récemment, ses forêts ont été explorées et des compagnies pétrolières y recherchent des gisements.

Emblème d'Amérique centrale

Le quetzal est considéré comme le plus bel oiseau du monde. Sacré pour les Mayas, le premier peuple d'Amérique centrale, il constituait un des principaux motifs de leurs œuvres d'art. Le quetzal est l'emblème national du Guatemala.

La côte des Mosquitos

La côte des Mosquitos, au Honduras et au Nicaragua, est une région de jungle, de marécages et de montagnes. Aux XVIIe et XVIIIe siècles, des pirates ont trouvé refuge dans ses criques de sable fin. Les Britanniques y ont établi des colonies. Certains habitants y vivent encore dans des maisons comme celle-ci.

Points de repère

- L'Amérique centrale s'étend sur environ 500 000 km² soit un peu moins que la superficie de la France et compte près de 25 millions d'habitants.
- La plupart des habitants d'Amérique centrale sont catholiques ; mais il y a aussi des protestants, des baptistes, des méthodistes et des membres de sectes protestantes d'Amérique du Nord.
- L'espagnol est la langue officielle de toutes ces républiques, sauf au Belize où l'on parle anglais.

DES LACS ET DES VOLCANS

Les républiques d'Amérique centrale font partie de la zone qu'on appelle tropicale. Le climat est chaud et humide dans les régions situées au niveau de la mer, et varie selon l'altitude. Cette région ne connaît pas vraiment de saisons, seule l'abondance de ses précipitations diffère d'une période à l'autre. L'époque la plus sèche de l'année se situe entre novembre et avril.

Il y a plusieurs millions d'années, l'Amérique du Nord et l'Amérique du Sud étaient deux masses distinctes et indépendantes, deux continents séparés par la mer. Mais les grandes « plaques » du sous-sol se sont déplacées : les plaques des Caraïbes et de Coco ont dérivé et sont entrées en contact. Ce choc a provoqué la formation de l'isthme montagneux et volcanique d'Amérique centrale.

Les éruptions volcaniques et les tremblements de terre y sont fréquents et ont déjà causé de terribles catastrophes : des villes entières ont été détruites et des milliers de personnes ont péri. Cette proximité des volcans a toutefois un avantage : la cendre volcanique qui retombe sur le sol rend la région très fertile.

Tremblements de terre et éruptions volcaniques
En 1773, le volcan Agua détruisit l'ancienne capitale du Guatemala, Antigua. Mais c'est le tremblement de terre de 1976 qui fit le plus de ravages : 20 000 personnes trouvèrent la mort et 200 000 habitations furent détruites. D'autres séismes ont eu lieu en 1902, 1917 et 1918.

Le lac Nicaragua
Les plus grands lacs d'eau douce d'Amérique centrale sont au Nicaragua. Les lacs Nicaragua et Managua s'étendent respectivement sur plus de 12 000 km² et 1 360 km². En raison de sa situation géographique privilégiée, le site du lac Nicaragua pourrait être choisi pour la construction d'un autre canal Pacifique-Atlantique.

Le volcan Poás, Costa Rica
La chaîne de montagnes volcaniques qui s'étend du sud du Guatemala, à travers le Salvador, le Nicaragua et le Costa Rica, jusqu'à Panamá est gigantesque. Environ cinquante de ses volcans sont dits en activité, comme le volcan Poás *(ci-contre)* ; les autres, en sommeil, peuvent se réveiller et entrer en éruption à tout moment.

Terribles ouragans
Lorsque, fin 1988, l'ouragan Joan a atteint la côte du Nicaragua et du Honduras côté Caraïbes, il a dévasté la ville de Bluefields, faisant au moins 50 victimes et laissant 300 000 personnes sans abri.

Points de repère

► Le volcan le plus élevé d'Amérique centrale est le Tajumulco, au Guatemala (4 220 m).

► Dans les montagnes, on distingue trois zones de température : *tierra caliente* ou région chaude (du niveau de la mer à 914 m d'altitude), *tierra templada* ou région tiède (de 914 à 1 828 m), et *tierra fría* ou région froide (au-delà de 1 828 m).

► Les pluies les plus abondantes tombent sur le nord du Honduras et le Guatemala. La moyenne annuelle dépasse 200 cm (en France, moins de 99 cm). Sur une partie des côtes est et ouest, il tombe deux fois plus de pluie côté Caraïbes que côté Pacifique.

► De tout l'isthme, c'est au Salvador que les volcans sont les plus nombreux. Le volcan Izalco mérite bien son surnom de « phare du Pacifique » car, pendant longtemps, il est resté en activité quasi continue.

► Le Honduras est le seul pays d'Amérique centrale dépourvu de volcans.

UNE SERRE TROPICALE

La faune et la flore d'Amérique centrale sont très variées. Le sol, rendu fertile par les cendres volcaniques, ainsi que le climat tropical offrent des conditions parfaites pour le développement d'une vie animale et végétale luxuriante. Cette région, pont entre les deux Amériques, est unique car la faune et la flore des deux continents y sont présentes.

À l'ouest, des forêts tropicales humides couvrent les pentes douces qui bordent la mer des Caraïbes : le plus haut sommet n'atteint que 914 m. Les arbres, très hauts, ont de grosses racines et sont couverts de plantes grimpantes et de vigne vierge. Les forêts qui s'étendent du côté du Pacifique, plus sec et plus abrupt, se composent au contraire d'arbres à feuilles caduques ou persistantes. Partout ailleurs, on trouve aussi bien des forêts humides, qui regorgent d'orchidées et de fougères, que des forêts de conifères ou des zones alpines où poussent de petits arbustes secs et des étendues désertiques parsemées de cactus.

En Amérique centrale, comme dans d'autres parties du monde, on défriche les forêts à des fins économiques. Les conséquences sur la faune sont importantes lorsque l'habitat naturel de nombreux animaux se trouve ainsi détruit. Pour tenter de préserver les espèces, plusieurs parcs nationaux et réserves ont été créés dans l'isthme. Ainsi, le Costa Rica et le Nicaragua se sont récemment entendus pour créer un « parc de la paix ». Ce parc inclut la forêt vierge la plus étendue de tout l'isthme.

Tortue du Pacifique

Une île laboratoire
Lors de la construction du canal de Panamá, une île recouverte de forêt tropicale, Barro Colorado, se constitua au sein de l'un des nombreux lacs qui forment la zone du canal. Cette île devint un paradis pour la faune et la flore : plus de 1 000 espèces de plantes et 250 espèces d'oiseaux y vivent. Depuis 1923, un laboratoire biologique a été créé sur place.
La végétation luxuriante de la jungle surplombe l'une des nombreuses rivières qui serpentent à travers l'île *(ci-dessus)*.

Sauvegarder les tortues
Plusieurs espèces rares de tortues marines vivent le long des plages d'Amérique centrale, côté Caraïbes. Chassées pour leurs œufs et leur carapace, ces tortues sont désormais protégées par un programme élaboré en 1954 au Costa Rica.

Par monts et par vaux
Le puma d'Amérique du Nord et le jaguar d'Amérique du Sud *(ci-contre)* se côtoient en Amérique centrale. D'autres espèces animales parcourent l'isthme à la recherche de nouveaux territoires : le tatou, par exemple, a voyagé depuis l'Amérique du Sud jusqu'au Texas, tandis que le daim à queue blanche migrait vers le sud.

Tatou à neuf bandes

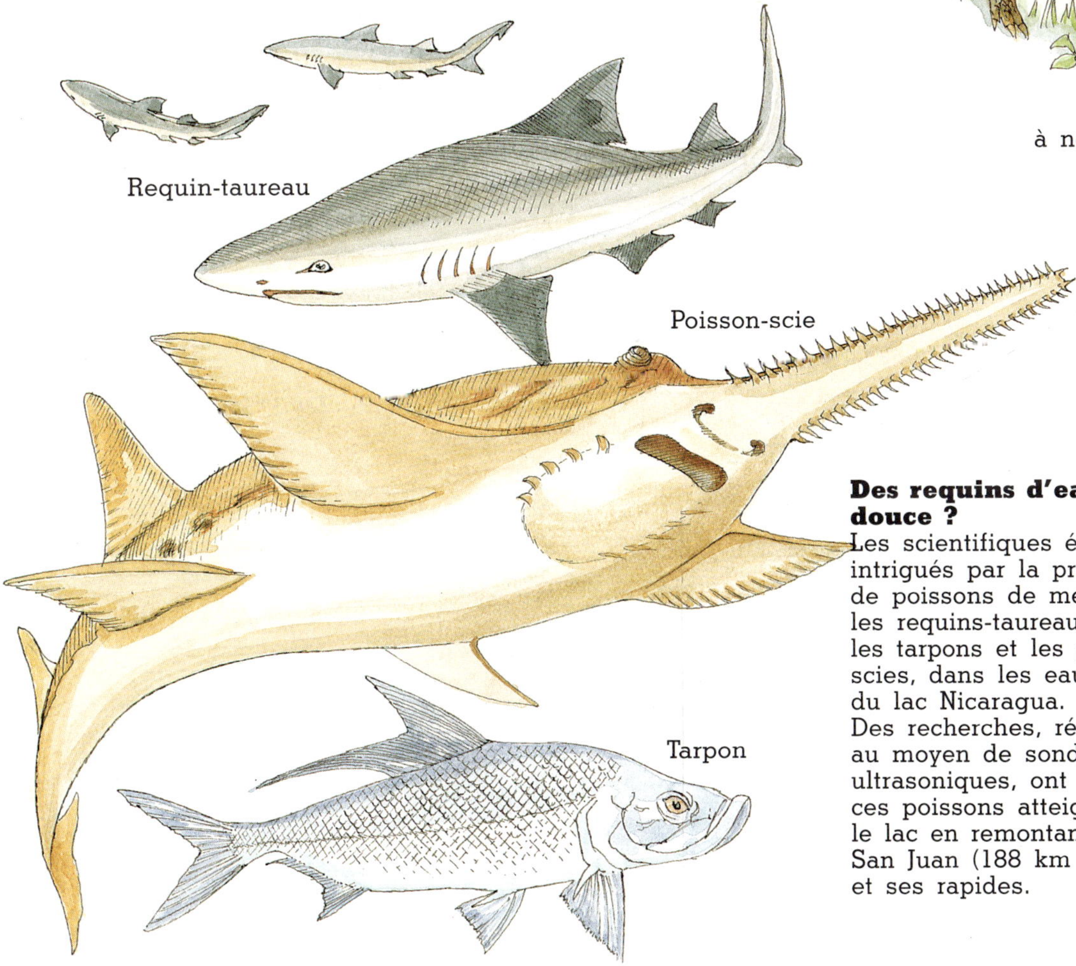

Requin-taureau

Poisson-scie

Tarpon

Des requins d'eau douce ?
Les scientifiques étaient intrigués par la présence de poissons de mer, comme les requins-taureaux, les tarpons et les poissons-scies, dans les eaux douces du lac Nicaragua. Des recherches, réalisées au moyen de sondes ultrasoniques, ont révélé que ces poissons atteignent le lac en remontant la rivière San Juan (188 km de long) et ses rapides.

LE MÉLANGE DES PEUPLES

Lorsque Christophe Colomb débarqua pour la première fois en Amérique centrale en 1502, de nombreuses tribus vivaient dans les forêts et les montagnes de l'isthme. Croyant à tort que Colomb avait trouvé une nouvelle route pour les Indes, les Espagnols dès le début du XVIe siècle appelèrent « Indiens » les populations qu'ils y rencontrèrent. Les Espagnols combattirent les Indiens. Pendant la conquête espagnole, beaucoup d'Indiens périrent, les uns passés au fil de l'épée, les autres succombant aux maladies que les Espagnols avaient apportées avec eux. Certains Espagnols épousèrent des femmes de la région et leurs descendants furent appelés « Métis » (de *mestizo* : sang-mêlé).

Parmi les autres peuples d'Amérique centrale, on trouve des Caraïbes noirs, des Noirs (descendants des esclaves amenés d'Afrique) et des Chinois, venus travailler sur les lignes de chemin de fer et dans les plantations. Des émigrés venant de plusieurs pays européens gagnèrent l'Amérique centrale au XIXe siècle, venant accroître le nombre de Blancs qui jusque-là n'avait compté qu'une grande majorité d'Espagnols.

Dans les pays d'Amérique centrale vit aujourd'hui une population bigarrée composée de Métis, d'Indiens, de Blancs et de Noirs.

Points de repère

- En Amérique centrale, 25 langues indiennes sont encore parlées. La plus répandue est le maya.
- Le plus petit pays d'Amérique centrale est le Salvador. C'est aussi le plus peuplé, avec près de 5 millions d'habitants pour une superficie de seulement 21 040 km².
- La population se concentre dans les régions montagneuses, là où le climat est le plus agréable.
- Hormis les Mayas, les peuples indiens survivants sont les Payas (Honduras), les Jicaques, les Miskitos, les Izalcos et les Panchos (Salvador), les Bribris et les Cabecars (Costa Rica), les Guaymis, les Chocos et les Cunas (Panamá).

Mestizos (les Métis)
En Amérique centrale, la majorité de la population descend à la fois des Espagnols et des Indiens ; cette population est appelée *mestizos.* Vêtue à l'occidentale, elle travaille le plus souvent dans les villes et parle l'espagnol.

Les Indiens Cunas
Les Indiens Cunas vivent sur les îles San Blas de Panamá, où leur principal moyen de subsistance est la pêche en mer. D'autres communautés cunas sont installées sur le continent. Elles vivent de l'agriculture et de l'artisanat (sculpture du bois, tissage ou confection de paniers). Les Indiens Cunas portent des vêtements traditionnels, faits de tissus de couleurs vives, et des anneaux dans le nez.

Les Caraïbes noirs
Au début du XVIIe siècle, des Africains affranchis débarquèrent sur l'île de Saint-Vincent, dans les Caraïbes. Ils s'intégrèrent à la population locale des Caraïbes, donnant naissance à des « Caraïbes noirs ». En 1797, un groupe de Caraïbes noirs fut déporté à Roatán, une des îles de la Baie, près des côtes du Honduras. De là, certains gagnèrent le continent. De nos jours, leurs descendants vivent de la pêche.

Les Costeños du Nicaragua
On dit quelquefois que le Nicaragua est constitué de « deux pays ». Il regroupe en effet des populations d'origine différente : les Costeños, habitants de la côte atlantique, descendent des esclaves amenés par les Britanniques ; le reste de la population descend des Espagnols. Les Costeños ont leur propre culture, leur langue (une sorte d'anglais) et ils sont protestants.

LA CIVILISATION MAYA

La plus importante civilisation d'Amérique centrale, avant la conquête espagnole, fut celle des Mayas. À son apogée, entre l'an 300 et l'an 900 de notre ère, la civilisation maya vivait dans les plaines couvertes de jungle de la région de Petén, au Guatemala.

Les Mayas étaient très avancés dans les domaines scientifique et artistique. Ils ont édifié de magnifiques cités, d'énormes temples de pierre et de superbes pyramides. Par ailleurs, ils étaient le seul peuple américain à posséder un système d'écriture et leurs connaissances en astronomie étaient remarquables.

Les Mayas avaient aussi largement développé leurs techniques agricoles, pour la culture du maïs et des haricots en particulier. Ils s'enfoncèrent dans les forêts pour en cultiver la terre.

Ils vénéraient de nombreux dieux – notamment le jaguar, ce roi redoutable de la forêt – espérant ainsi protéger leurs récoltes.

Les Mayas habitaient différentes cités constamment en conflit les unes avec les autres. Ces guerres étaient conduites dans le but de conquérir de nouveaux territoires mais aussi de capturer des prisonniers qui serviraient de victimes pour les sacrifices.

Les codex mayas
Un codex était une sorte de livre d'images, une série de manuscrits couverts d'illustrations. Les Mayas s'en servaient pour noter les événements qui marquaient leur vie et les détails de l'organisation de leur société.

Copán
Copán, située au Honduras, était l'une des plus grandes cités mayas du sud.
En 1839, le site fut acheté pour trente dollars par un Américain, John Lloyd Stephens, alors qu'il se trouvait dans la région avec un artiste, Frederick Catherwood, pour étudier les monuments anciens. Il fut restauré dans les années 30. Le cours de la rivière Copán dut être détourné afin de protéger les bâtiments de l'érosion.

Le grand temple du Jaguar
Tikal, une importante cité maya, s'étendait sur environ 16 km² au cœur de la forêt tropicale de Petén au Guatemala.
Parmi les bâtiments que l'on peut encore admirer, voici le grand temple du Jaguar, construit au VIIIᵉ siècle. Il mesure plus de 45 m de haut.

Le jeu de balle des Mayas
Une des principales attractions de Copán est son terrain de jeu de pelote. Deux équipes s'y renvoyaient une balle de caoutchouc très lourde. Ce jeu pouvait être dangereux et les joueurs portaient des vêtements de protection. On pense qu'il avait une signification religieuse. Il est considéré comme l'ancêtre des sports qui consistent à courir après un ballon de caoutchouc.

L'ARRIVÉE DES ESPAGNOLS

Christophe Colomb atteignit l'Amérique centrale au cours de sa quatrième expédition, en 1502. Des explorateurs et des soldats l'accompagnaient, attirés par les rumeurs qui prétendaient que la région regorgeait d'or et de minerais précieux. Ils concentrèrent d'abord leurs recherches autour de Panamá et au Mexique.

La conquête de l'Amérique centrale fut conduite par deux capitaines espagnols, Hernán Cortés, qui envoya ses hommes vers le sud, et Pedro Arias de Ávila, qui envoya ses hommes vers le nord. Les Espagnols étaient peu nombreux mais, grâce à leurs chevaux et à leurs armes, ils soumirent les tribus d'Indiens, pourtant en plus grand nombre.

En réalité, seul le territoire de l'actuel Honduras s'avéra riche en minerais : sa capitale, Tegucigalpa, porte d'ailleurs un nom indien qui signifie « colline d'argent ». Dans la majeure partie de l'Amérique centrale, les colonisateurs s'installèrent autour des plantations, des forêts et des troupeaux de bétail. Les principaux produits commercialisés étaient le cacao, le sucre et les teintures de cochenille et d'indigo.

Le gouvernement espagnol mit en place un système administratif avec, à sa tête, un vice-roi.

Des missionnaires et des prêtres entreprirent de convertir les Indiens au catholicisme, prêchant la bonne parole jusque dans les régions les plus reculées.

Le cacao
Sous le gouvernement des Espagnols, qui attribuaient au chocolat des qualités énergétiques et curatives, le cacao, base de la fabrication du chocolat, était un produit de grande valeur. Cet agriculteur ouvre une cosse de cacao.

Les pirates
Aux XVIIe et XVIIIe siècles, les pirates attaquaient des galions espagnols chargés d'or et d'argent qui quittaient l'Amérique centrale et faisaient route vers l'Europe. En 1670, le pirate anglais Henry Morgan pilla la ville de Panamá. Il lui fallut 195 mules pour transporter son butin.

Henry Morgan

Antigua
Antigua, au Guatemala, fut fondée en 1543. C'était la plus belle ville d'Amérique centrale, avant le séisme de 1773. Le gouvernement s'était établi dans cette cité de 60 000 habitants, qui comptait une université, une imprimerie, une superbe cathédrale *(ci-contre)*, de nombreuses églises et le palais du Gouverneur général.

Bartolomé de Las Casas
Après la conquête, les Espagnols furent très durs avec les Indiens : ils les réduisirent en esclavage ou les massacrèrent. Seuls les Indiens du Guatemala parvinrent à s'enfuir vers les collines. Bartolomé de Las Casas, prêtre catholique, témoin de ces massacres, protesta auprès de la Couronne d'Espagne. Grâce à son intervention, de nouvelles lois protégeant les Indiens furent votées et entrèrent en vigueur au cours du XVIe siècle.

Lenca Lempira
La monnaie du Honduras (Lempira) doit son nom à ce chef indien qui vécut au XVIe siècle. Avec son armée de 30 000 Indiens, il résista à une violente attaque des Espagnols. Trahi par le capitaine espagnol Pedro de Alvarado, il fut exécuté et devint un héros national.

LES NOUVELLES RÉPUBLIQUES

Francisco Morozan
Connu comme le « défenseur de l'Amérique centrale », il travailla activement à la formation des Provinces-Unies de l'Amérique centrale. Il devint président de la fédération en 1830 et, plus tard, président du Honduras.

Au début du XIXe siècle, les colonies du Nouveau Monde étaient impatientes de s'affranchir de la tutelle espagnole. L'indépendance fut déclarée en 1821 au Guatemala. En 1824, le Guatemala, le Honduras, le Nicaragua, le Salvador et le Costa Rica se réunirent pour former une fédération appelée « les Provinces-Unies de l'Amérique centrale ». C'est de cette époque que date la première tentative d'abolition de l'esclavage et d'aide aux Indiens. Le Panamá demeura une colonie colombienne jusqu'en 1903.

Cette fédération s'effondra à la suite du conflit qui opposa les conservateurs, représentant les riches propriétaires terriens et l'Église, aux libéraux, qui souhaitaient des réformes. Cette lutte se poursuivit durant tout le XIXe siècle. Tous ces pays ne connurent alors que guerres, désordres et dictatures. De nombreux assassinats furent commis. Seul le Costa Rica, qui bénéficiait d'un gouvernement démocratique élu par le peuple, y échappa.

À l'époque coloniale, les exportations agricoles (y compris le café et les bananes, produits introduits par les colonisateurs) étaient à la base de l'économie : des réseaux routiers et ferroviaires furent donc développés pour acheminer les marchandises jusqu'aux ports. Vers la fin du siècle, les plantations étaient dirigées par de grandes sociétés nord-américaines, et les bénéfices ne profitaient qu'à de rares privilégiés. Pour ceux qui gagnaient peu d'argent, la vie ne changea guère.

Le chemin de fer de Panamá
Un chemin de fer fut construit de Colón à Panamá, lors de la grande ruée vers l'or, afin de transporter les pionniers venus d'Europe jusqu'en Californie, où ils espéraient faire fortune. Il fut construit en quatre ans, au prix de nombreuses vies humaines, et coûta 8 millions de dollars. Il fut achevé en 1855.

Les républiques bananières
On donna aux républiques d'Amérique centrale le surnom de « républiques bananières » en raison de l'énorme quantité de bananes qu'elles exportaient.

L'échec de Ferdinand de Lesseps
Après avoir achevé la construction du canal de Suez en Afrique, reliant la mer Méditerranée à la mer Rouge, Ferdinand de Lesseps arriva au Panamá en 1881 pour construire un canal à travers l'isthme. Des conditions de travail épouvantables et des maladies décimèrent des milliers d'hommes, et la société de Ferdinand de Lesseps finit par faire faillite avant que le canal ne soit achevé. En 1886 et 1887, il compta parmi ses ouvriers Paul Gauguin, célèbre peintre français.

DICTATURES ET DÉMOCRATIE

Au début du XXe siècle, la situation en Amérique centrale était devenue intolérable. Les populations souffraient de plus en plus de la dictature et de la domination des riches propriétaires terriens, et supportaient difficilement l'ingérence des États-Unis dans la politique de leurs pays.

Lorsque, de 1926 à 1933, les *marines* occupèrent le Nicaragua, un leader nationaliste, Augusto César Sandino, forma une armée de guérilleros pour lutter contre la présence américaine. En 1932, au Salvador, quelques ouvriers organisèrent une révolte contre les propriétaires des plantations de café, mais ils échouèrent. Dans les années 50, au Guatemala, lorsque le président Jacobo Arbenz Guzmán, qui venait d'être élu, tenta de diviser les vastes propriétés qui appartenaient aux riches planteurs, il fut démis de ses fonctions.

Le gouvernement américain, qui soutenait en général le pouvoir en place, accorda son appui aux grandes familles, et notamment à la famille Somoza au Nicaragua. Les Somoza (le père puis ses deux fils) gouvernèrent le Nicaragua d'une main de fer pendant près de cinquante ans, jusqu'en 1979, date à laquelle ils furent renversés par un groupe de guérilleros appelés les «sandinistes», en hommage à Augusto Sandino.

L'archevêque Romero
Pendant les années 80, le Salvador vécut presque en état de guerre civile. Les morts se comptaient par milliers. Parmi les victimes, l'archevêque de San Salvador, Mgr Oscar Romero, qui s'élevait contre l'injustice, fut assassiné pendant qu'il célébrait une messe.

La guerre du football
En 1969, les mauvais traitements infligés à une importante communauté de Salvadoriens vivant au Honduras provoquèrent un conflit entre les deux pays. Lors du match de qualification de la coupe du monde de 1970 qui opposait les deux équipes, l'hostilité était telle que des combats eurent lieu : ce fut la « guerre du football ». Elle dura plusieurs jours et fit plus de 2 000 victimes.

Les contras
Après la prise de contrôle du Nicaragua par les sandinistes, les relations avec les États-Unis se dégradèrent. En 1981, le président Reagan décida d'apporter une aide financière aux *contras*, « ceux qui sont contre », dans leur guérilla contre les sandinistes. Aux États-Unis, cette décision fut violemment contestée. Le mouvement se poursuivit néanmoins jusqu'en 1994. Ci-contre, deux instructeurs *contras* lors d'une séance d'entraînement des troupes.

Anastasio Somoza Garcia
Patriarche de la famille Somoza, il prit le pouvoir au Nicaragua en 1935. Sa dictature dura dix-neuf ans. À la fois le plus grand propriétaire terrien et le plus grand producteur de café du Nicaragua, il était l'homme le plus riche d'Amérique centrale. Il fut assassiné par un jeune poète en 1956.

L'Alliance pour le progrès
Au début des années 60, le président américain John F. Kennedy mit en place le programme « Alliance pour le progrès ». Son objectif était d'apporter une aide financière et technique à tous les pays d'Amérique centrale pour contribuer à y améliorer le niveau de vie. Des volontaires s'engagèrent dans des projets médicaux, sociaux ou éducatifs. Les fonds servirent à acheter des équipements, comme ce tracteur.

LE PAYS DE L'AMITIÉ

L'histoire du Costa Rica a suivi un parcours différent de celui des autres républiques depuis son indépendance en 1821 et la dissolution de la Fédération des Provinces-Unies d'Amérique centrale en 1838. La Constitution adoptée en 1871 fut appliquée jusqu'en 1949. En 1890 eurent lieu les premières élections présidentielles libres et honnêtes d'Amérique centrale, et le suffrage universel fut établi en 1913. Depuis ce jour, tous les gouvernements ont été élus démocratiquement. Le Costa Rica s'est tenu à l'écart des troubles qui ont touché ses voisins et a prouvé sa détermination de maintenir la paix en dissolvant son armée en 1948. Cette petite nation est un pays pacifiste, démocrate et prospère.

Contrairement au reste de l'Amérique centrale, la population du Costa Rica est en majorité d'origine espagnole. Son niveau de vie moyen est le plus élevé de la région et son économie essentiellement agricole.

À la fin des années 80, le pays a traversé des difficultés avec la montée de l'inflation et du chômage, les grèves et l'augmentation de la dette extérieure. Les mesures prises par le président Monge entre 1982 et 1986 se sont révélées efficaces et ces problèmes ont diminué. Toutefois, bien que le Costa Rica soit aujourd'hui en pleine croissance économique, il reste un pays relativement pauvre.

Les ballons du Costa Rica
Dans la campagne, on trouve çà et là des pierres comme celle-ci, dont la forme est presque parfaitement ronde. Leur âge et leur utilisation demeurent un mystère.

San José
Construite en 1737, San José est la capitale du Costa Rica. Située dans une vaste vallée fertile, à 1 149 m d'altitude, elle est presque au centre du pays. Plus d'un million d'habitants y vivent, soit environ un tiers de la population du pays.

L'île Coco (Isla del Coco)
À 595 km de la côte pacifique, le Costa Rica possède une minuscule île inhabitée, l'île Coco. On dit que, au XVIIe siècle, des pirates y ont enterré des trésors dérobés aux galions espagnols.

Guanacaste
Guanacaste est souvent appelée la province « brune » du Costa Rica, car ses habitants sont pour la plupart métissés. C'est une région d'élevage. Des cow-boys vêtus de cuir et coiffés de chapeaux à large bord conduisent les troupeaux à travers les plaines pendant la journée, et improvisent des soirées de musique et de danse.

Les chars à bœufs
Autrefois, on utilisait des chars à bœufs colorés et peints à la main pour transporter le café jusqu'aux ports. Aujourd'hui, quelques-uns circulent encore sur les chemins.

Points de repère

- Après le Salvador, le Costa Rica est le plus petit pays d'Amérique centrale. Il compte toutefois plus de 3 millions d'habitants.
- Le Costa Rica compte quatre volcans dont l'Irazu et le Poás, encore actifs.
- Les habitants du Costa Rica sont appelés les *Ticos*.
- Le Costa Rica fut le premier pays d'Amérique centrale à cultiver le café.
- À Puerto Limón, le plus important port du pays, situé sur la côte Caraïbes, on manipule chaque année plus d'un million de régimes de bananes.
- Le président et les membres de l'Assemblée législative sont élus tous les quatre ans. Tous les habitants âgés de plus de 18 ans peuvent voter.

LE BELIZE

Le Belize, ancien Honduras britannique, était la dernière colonie britannique sur le continent américain. Indépendant depuis 1981, il est membre du Commonwealth britannique.

En 1638, lorsque les Espagnols autorisèrent le commerce du bois, les premiers colons britanniques s'installèrent près du fleuve Bélize. La communauté prospéra, et à la fin du XVIIIe siècle, le gouvernement britannique nomma un gouverneur. En 1871, le Honduras britannique fut déclaré colonie de la Couronne, et devint donc une possession de la Grande-Bretagne. Les colonies espagnoles qui venaient d'obtenir leur indépendance s'inquiétaient un peu de cette présence britannique, et le différend qui opposa pendant longtemps le Belize au Guatemala ne disparut qu'en 1991, lorsque le Guatemala abandonna ses revendications territoriales.

Le Belize est un pays de montagnes, de marais, de jungles et de forêts. Le bois de construction est toujours un produit essentiel pour l'économie, et le *chicle*, une gomme extraite du sapotillier, est utilisé dans la fabrication du chewing-gum. Bien qu'une faible proportion des terres soit utilisée pour les cultures, le sucre et les agrumes constituent les principales exportations du pays.

Les mennonites
En 1958, des membres de la secte religieuse mennonite s'installèrent au Mexique et se regroupèrent en communautés le long du fleuve Belize. Producteurs de lait, ils ont aussi introduit l'élevage du poulet à grande échelle.

Belmopan
En 1970, la capitale du pays, Belize City, fut remplacée par Belmopan, ville spécialement construite pour accueillir les principaux bâtiments administratifs.

Le grand récif de corail
À environ 24 km de la côte du Belize, se trouve le deuxième plus grand récif corallien du monde. Sur une longueur de 320 km, il abrite quelques-uns des plus beaux poissons des Caraïbes. Il est bordé d'une multitude de petites îles appelées « cays » et habitées par des pêcheurs.

Points de repères

- ▸ Le Belize est indépendant depuis le 21 septembre 1981.
- ▸ Le pic Victoria est le point culminant du pays (1 222 m).
- ▸ Tous les habitants de plus de 18 ans ont le droit de vote et des élections ont lieu tous les cinq ans.
- ▸ Le pays dispose d'une Assemblée nationale formée d'une Chambre des députés élue et d'un Sénat nommé par le gouverneur général. Représentant la Couronne britannique, le gouverneur nomme un Premier ministre et un leader de l'opposition, membre de la Chambre des députés.
- ▸ L'unique ligne de chemin de fer du Belize sert au transport du bois.
- ▸ Sur les 210 000 habitants qui peuplent le Belize, 70 % sont d'origine créole ou métisse. La population est aussi constituée d'Européens, de Nord-Américains, d'Indiens Mayas et de Caraïbes noirs.
- ▸ Les Britanniques ont toujours près de 1 500 militaires au Belize.

George Price
Cet homme politique fut un acteur important de l'indépendance du Belize. Il fut le premier Premier ministre du pays et occupa à nouveau ce poste de 1989 à 1993. Il dirige depuis le Parti uni du peuple (PUP).

RICHESSES DU SOL ET DE LA MER

L'agriculture constitue la part la plus importante de l'économie des républiques d'Amérique centrale. On y cultive le café, les bananes, le coton, le maïs, le sucre, le cacao, le tabac et le riz.

Une société nord-américaine, l'United Fruit Company, organisa le commerce des bananes vers la fin du siècle dernier. La plupart de ses plantations se trouvaient sur la côte caraïbe, qui bénéficie d'un climat chaud et humide. Lorsque des maladies menacèrent de détruire la récolte de la côte est, la société dut transférer certaines de ses plantations sur la côte pacifique. Par chance, les récoltes s'y révélèrent encore meilleures. La culture des bananes est soumise à de nombreux risques : ainsi, en 1974, l'ouragan Fifi détruisit presque toutes les récoltes du Honduras.

Comme la plupart des pays en voie de développement, les exportations des républiques d'Amérique centrale reposent essentiellement sur une ou deux cultures, telles que le café ou les bananes. Lorsque les prix mondiaux de l'une de ces cultures chutent fortement, les conséquences sur l'économie locale peuvent être catastrophiques.

Enfin, la plupart des terres appartiennent à un petit nombre de propriétaires : cette situation nuit au développement des pays d'Amérique centrale. Certains États tentent d'introduire une réforme visant à morceler les grandes propriétés et à redistribuer les terres.

Les bananes
La formation de régimes de bananes dure neuf mois : celui-ci pèse environ 54 kg. Il est coupé en grappes plus petites. Ces grappes de bananes, encore vertes, sont lavées, mises dans des caisses et transportées par bateau, 48 heures après la cueillette.

Le café
Le café est la principale culture commerciale d'exportation. Il est fabriqué à partir des graines (les grains de café) extraites du fruit du caféier. Ci-contre, des grains de café en train de mûrir.

Points de repères

- Le Salvador est le plus gros producteur de baume, une résine qui sert à fabriquer des médicaments.
- Au Guatemala, 2,2 % de la population possède 70 % des terres.
- Les États-Unis sont le principal marché d'exportation pour les pays d'Amérique centrale.
- L'économie du Nicaragua est la plus pauvre d'Amérique centrale et son revenu par habitant le plus bas de toute l'Amérique latine.
- Les cigares du Honduras et du Nicaragua sont très réputés.
- Le MCCA est le Marché commun centraméricain. Il fut créé en 1960.

La pêche à la crevette
Au Panamá, la pêche, et plus particulièrement la pêche à la crevette en haute mer, s'est beaucoup développée. Le Panamá est aujourd'hui le troisième exportateur mondial de crevettes.

L'industrie du bétail
On élève du bétail pour la viande, le lait et les peaux. Une grande partie de cette viande est exportée aux États-Unis. La race de bovins la plus courante est le zébu, mais d'autres races européennes et américaines sont aussi représentées.

LE DÉVELOPPEMENT DE L'INDUSTRIE

Le Salvador et le Costa Rica sont les pays les plus industrialisés d'Amérique centrale. Les principaux secteurs d'activité comprennent le textile, les produits pharmaceutiques et la mécanique. Mais l'industrie alimentaire, l'industrie de la pêche, du cuir et des peaux sont aussi présentes. Des composants d'ordinateur, des pièces de voiture et de petits appareils électriques sont fabriqués pour l'exportation. La spécialité du Costa Rica est la fabrication de yachts de luxe.

L'Amérique centrale possède des ressources minières, parmi lesquelles on peut citer l'or, l'argent, le manganèse, le mercure, le fer, le plomb et l'étain. Des gisements de cuivre ont été localisés au Panamá. Il y a quelques années, au Costa Rica, la découverte de bauxite, utilisée dans la fabrication de l'aluminium, a conduit le pays à investir lourdement dans la construction d'une usine de production d'aluminium. Des gisements de pétrole ont aussi été découverts, notamment au Guatemala, mais la majeure partie du pétrole est importée. De grands projets concernant l'hydroélectricité sont en cours dans plusieurs pays. Au Nicaragua et au Guatemala, le bois est très utilisé comme combustible.

Cependant, le développement industriel de la région est lent car l'instabilité politique a longtemps dissuadé d'éventuels investisseurs.

Puerto Cortés
Le conquistador et capitaine espagnol Hernán Cortés fut le fondateur de la ville de Puerto Cortés, au Honduras. C'est aujourd'hui l'une des villes portuaires les plus importantes et les plus modernes de la côte Atlantique.

Hydroélectricité
Au cours des trente dernières années, de nombreux barrages hydroélectriques comme celui-ci ont été construits, notamment au Salvador et au Costa Rica.

Le bois de construction
L'Amérique centrale possède une petite industrie de bois de construction. En plus de l'acajou, qui est exploité depuis de nombreuses années, les forêts regorgent d'autres bois précieux comme le cèdre, le pin, le chêne, le teck et le balsa.

Le tourisme
L'industrie touristique est assez peu développée. Pourtant, la région offre des paysages spectaculaires comme le lac d'Atitlán *(ci-dessous)*, situé dans les montagnes de la Sierra Madre au Guatemala.

LA TRAVERSÉE DE L'ISTHME

Après que le Français Ferdinand de Lesseps eut fait faillite sans avoir achevé la construction du canal à travers l'isthme, les Nord-Américains prirent la relève. En 1903, un traité fut signé, donnant aux États-Unis le contrôle d'une zone de 16 km de large sur 64 km de long, située entre l'océan Atlantique et l'océan Pacifique, que l'on appela la « zone du canal du Pacifique ».

C'est sur ce site que le canal de Panamá fut creusé, sur 80 km de long et en forme de zigzag. Les conditions de travail étaient pénibles et les maladies nombreuses. Néanmoins, le canal fut achevé en 1914.

La réalisation de la tranchée Gaillard, creusée dans près de 13 km de roc, fut particulièrement difficile ; elle porte le nom de l'ingénieur responsable du chantier. De nos jours, le canal est régulièrement dragué afin de prévenir les glissements de terrain.

La présence des États-Unis au Panamá devenant de plus en plus contestée, le gouvernement nord-américain accepta de céder le contrôle du canal et de la zone du canal au Panamá, à la fin du siècle.

William C. Gorgas
Plusieurs milliers d'ouvriers, travaillant à la construction du canal, périrent de la fièvre jaune et de la malaria. La situation ne s'améliora que lorsque le colonel Gorgas découvrit le moyen d'enrayer ces maladies. Il est probablement à l'origine de l'éradication de la fièvre jaune dans la région.

La route panaméricaine
Cette grande route pavée s'étend sur toute la longueur de l'Amérique centrale, reliant l'Amérique du Nord et l'Amérique du Sud, à l'exception de la région de Darién au Panamá.
Il semble qu'un projet de construction d'une route à travers la trouée de Darién soit en gestation mais, à l'heure actuelle, seuls les voyageurs audacieux ou les explorateurs entreprennent de se rendre du Panamá en Colombie par voie terrestre, à travers la jungle épaisse.

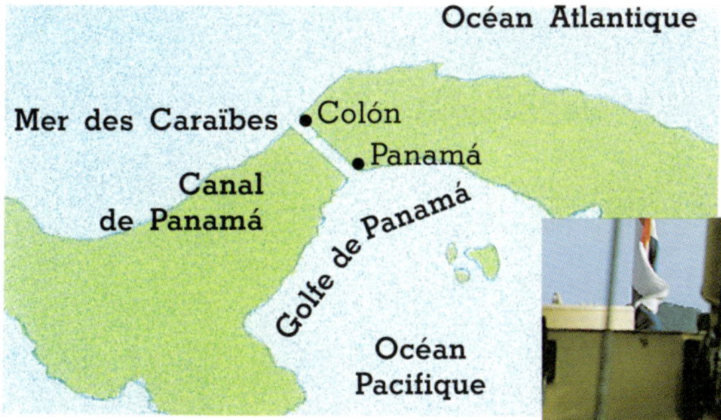

Le canal de Panamá
Pour se rendre dans l'océan Pacifique, les bateaux en provenance de l'Atlantique quittent le canal 43 km à l'est de l'endroit où ils l'ont pris.

L'écluse de Miraflores
La différence d'altitude entre les deux océans et la partie centrale de l'isthme est d'environ 26 mètres.
Les ingénieurs ont installé un système d'écluses qui permet de contrôler le niveau de l'eau.
Les bateaux sont tractés d'une écluse à l'autre au moyen de petits engins qui circulent sur des rails le long du canal.

Points de repère

- Vasco Núnez de Balboa, premier Européen à traverser l'isthme, donna son nom à la ville située à l'extrémité du canal, du côté de l'océan Pacifique.
- Le *SS Ancon* fut le premier bateau à emprunter le canal, le 15 août 1914.
- Grâce au canal, les bateaux venus de la côte atlantique de l'Amérique du Nord pour rejoindre les ports sud-américains du Pacifique réduisent leur trajet de plus de 5 500 km.
- La principale source d'eau du canal est le lac de Gatún (422 km^2), formé par le barrage en terre du même nom, l'un des plus grands au monde.

Prendre le train
Le gouvernement du Nicaragua participe au financement du réseau ferré du pays. Les trains sont souvent bondés.

LA VIE QUOTIDIENNE

Les habitants d'Amérique centrale vivent traditionnellement à la campagne mais, ces dernières années, beaucoup d'entre eux se sont installés dans les villes, en quête d'une vie meilleure. La plupart des citadins possèdent des téléviseurs, des voitures et autres biens de consommation. Ils ont l'électricité et des installations sanitaires. Les meilleures écoles et les hôpitaux se trouvent dans les villes. Malheureusement, ceux qui arrivent de la campagne ne trouvent le plus souvent que des travaux mal rémunérés et ils sont contraints de s'installer dans des bidonvilles.

La vie rurale est difficile, que ce soit pour les petits fermiers des montagnes ou pour les ouvriers qui travaillent dans les plantations, le long des côtes. Les maisons sont généralement faites de briques de boue ou de planches de bois et, souvent, ne possèdent aucun équipement moderne. Afin d'augmenter un peu leurs faibles revenus, les villageois fabriquent des objets artisanaux traditionnels qu'ils vendent sur les marchés locaux, ou travaillent dans les petites villes voisines, dans des boutiques ou comme chauffeurs de taxi.

Le rôle des femmes
De nombreuses femmes étaient engagées dans la révolution sandiniste au Nicaragua. Elles ont créé par la suite leurs propres organisations et participé à la réorganisation du pays. Elles ont fortement contribué à développer l'éducation et à l'amélioration les conditions de vie.

Tortillas

Le repas quotidien
Dans tous les pays d'Amérique centrale, le maïs, les bananes, les haricots et le riz constituent la base de l'alimentation. Le maïs est utilisé pour faire des *tortillas* et des *tamales*, sortes de galettes que l'on fourre de viande et d'épices.

Le logement
En Amérique centrale, les formes et les matériaux employés pour la construction des maisons sont choisis en fonction de la région où elles sont édifiées. Ainsi, dans les montagnes, les maisons sont faites de briques de pisé (une sorte de boue).
Sur la côte, on construit souvent des maisons de bardeaux (planches en bois) sur pilotis.
Dans les plaines, les maisons d'un étage sont en bambous et en tiges de canne à sucre séchées, et dans les forêts, les Indiens utilisent des feuilles de palmier.
Dans les villes, on trouve de belles habitations de style colonial et des maisons de brique modernes.

Quelques maisons traditionnelles
Ici, on peut voir une maison de bois sur pilotis, dans un village indien près de Panamá *(en haut)*, une maison recouverte de feuilles de palmier au Belize *(au centre)*, et une maison de planteur en bardeaux au Costa Rica *(en bas)*.

LES INDIENS DU GUATEMALA

Au Guatemala, près de la moitié des 10 millions d'habitants sont des Indiens, descendants des Mayas. Leur mode de vie diffère totalement de celui des autres habitants. Ils parlent leur propre langue, s'habillent de façon traditionnelle et célèbrent leurs propres cultes.

Ils vivent généralement en communautés dans les hautes plaines situées aux environs de Chichicastenango et du lac d'Atitlán.

Certains Indiens sont employés comme travailleurs saisonniers dans les grandes fermes, mais ils gagnent surtout leur vie en cultivant de petites parcelles de terre. Ils y font pousser du blé, des haricots et des courges et, près du lac, ils cultivent des légumes, comme les oignons, les choux ou les carottes. La vente d'une partie de leurs récoltes, ainsi que de quelques objets artisanaux sur les marchés locaux, leur procure un petit revenu supplémentaire. Les terrains se transmettent traditionnellement de père en fils. Lorsqu'il n'y a pas assez de terres, certains Indiens doivent chercher du travail parmi les Métis. Les Mayas qui adoptent les vêtements et les coutumes occidentales sont appelés *ladinos*. Ils sont rarement bien accueillis lorsqu'ils veulent rentrer au village.

Les objets artisanaux
Les Mayas ont hérité de leurs ancêtres des talents pour le tissage et la broderie. Aujourd'hui, ils vendent aux touristes des chapeaux, des serviettes, des paniers, des poteries et des vêtements tissés.

Des vêtements colorés
Les femmes indiennes du Guatemala portent des jupes aux motifs colorés, tombant jusqu'aux chevilles, des tuniques et des coiffes. Les hommes aussi s'habillent de couleurs vives, agrémentant leurs tenues de ceintures, de fichus, de rubans, de chapeaux et de pompons. Leur habillement a très peu évolué depuis l'arrivée des Espagnols, il y a quatre cents ans.

Les marchés

Le marché n'est pas seulement un endroit où l'on achète et où l'on vend ses produits. C'est aussi un lieu de rencontre, et les Indiens parcourent souvent des kilomètres pour s'y rendre. Les marchés de Chichicastenango, le jeudi et le dimanche, sont très populaires.

Les fiestas

Les *fiestas* célèbrent un mélange de croyances chrétiennes rituelles et traditionnelles. Les Indiens honorent de nombreux dieux, particulièrement ceux qui, selon eux, leur apportent de bonnes récoltes.

LA VIE FAMILIALE

En Amérique centrale, les liens familiaux sont très importants. La famille est d'autant plus vaste qu'elle inclut les *compadres*, c'est-à-dire les parrains et les marraines. Plusieurs générations vivent souvent sous le même toit et, même si la famille n'a que peu de moyens, les événements comme les communions et les mariages sont fêtés selon la tradition.

La guerre et les conflits civils ont eu des conséquences désastreuses sur les conditions de vie de la population. Au Nicaragua, un habitant sur cinq était sans domicile après la révolution de 1979.

Les pays d'Amérique centrale ont beaucoup d'autres problèmes : la nourriture est insuffisante ou de qualité médiocre, le taux de natalité élevé et l'espérance de vie encore limitée. Dans de nombreuses régions, les équipements médicaux sont sommaires ; les médecins, les infirmières et le matériel font souvent cruellement défaut. Malgré les aides des organismes internationaux, comme l'Organisation mondiale de la santé, des problèmes fondamentaux et qui ne sont pas du ressort international, comme l'approvisionnement en eau potable, restent à résoudre dans beaucoup de régions.

Les loisirs familiaux
Cette fête foraine, « le Plaza Central », se déroule à Nahuizalco, au Salvador. En Amérique centrale, on aime passer des journées en famille, et les enfants adorent les fêtes foraines.

Une crèche à la ferme
Avant la révolution nicaraguayenne, cette maison était le foyer d'un exploitant agricole. Désormais reconvertie en crèche, elle accueille les enfants des familles qui vivent et travaillent à la ferme.

Les services médicaux
C'est au Costa Rica que l'on trouve les meilleurs équipements sanitaires. Les hôpitaux et les cliniques sont de bonne qualité et tout le monde peut recevoir une aide médicale gratuite. La Croix-Rouge y est également présente.

Une majorité de chrétiens
La majorité de la population d'Amérique centrale est catholique. Elle va à l'église et célèbre les fêtes chrétiennes, en particulier celles de Noël et de la Semaine sainte à Pâques. Pour beaucoup, l'événement religieux le plus important de l'année est la *fiesta* célébrée en l'honneur du saint patron du village.

ENSEIGNER ET COMMUNIQUER

Toutes les républiques d'Amérique centrale disposent d'un enseignement préscolaire, primaire, secondaire et universitaire. Mais, bien que l'enseignement soit gratuit et obligatoire, beaucoup d'enfants ne vont pas à l'école. Nombre d'entre eux doivent souvent travailler pour aider leur famille et la natalité étant très élevée, le nombre d'écoles est souvent insuffisant (comme au Nicaragua).
Les établissements sont gérés par les gouvernements ou par l'Église, et certains sont privés. Quelques propriétaires de plantations créent des écoles pour les enfants de leurs employés.

Dans les villes, les écoles et leurs équipements sont de bien meilleure qualité que dans les zones rurales. Le Guatemala est confronté à un problème particulier, car il doit pourvoir à l'éducation des Indiens qui, bien souvent, ne parlent pas espagnol. La majorité des grandes villes ont des universités et des écoles techniques.

Des projets visant à délivrer un enseignement par la radio sont en cours d'étude. La radio est populaire et constitue un excellent moyen de communication, à la portée de tous, y compris jusqu'aux communautés qui vivent dans les régions les plus reculées de l'isthme. Encore peu de gens possèdent aujourd'hui la télévision.

Points de repère

- ▶ Au Costa Rica, un des pays les plus alphabétisés d'Amérique latine, un tiers du budget national est consacré à l'éducation.
- ▶ La plus ancienne université d'Amérique centrale est San Carlos au Guatemala. Elle a été fondée à Guatemala Ciudad en 1676.
- ▶ Chaque république publie ses propres journaux.
- ▶ Au Guatemala, au Honduras et au Nicaragua, moins de trente jeunes pour mille poursuivent des études supérieures.

La presse
Les journaux et les magazines sont vendus à la criée ou dans des kiosques. On y trouve parfois des magazines étrangers. Dans plusieurs républiques, la presse a connu des périodes de censure rigoureuse : le gouvernement contrôlait scrupuleusement ce que les journaux et les magazines publiaient.

L'alphabétisation au Nicaragua
En 1979, à l'époque de la révolution nicaraguayenne, plus de la moitié de la population ne savait ni lire ni écrire. Une campagne nationale d'alphabétisation fut lancée, sous la direction du père Fernando Cardenal. Elle était assurée par des professeurs qui venaient d'être formés. Des milliers de jeunes, dont plus de la moitié étaient des femmes, se portèrent volontaires pour aider les communautés rurales. Grâce à ce programme, le taux d'analphabétisme est passé de 50,3 % à 12,9 % en l'espace de quelques mois.

Le travail des enfants
Au lieu d'aller à l'école, certains enfants travaillent pour gagner un peu d'argent pour aider leur famille. Dans les villes, ils vendent des fruits et des boissons fraîches, lavent les voitures, cirent les chaussures ou font des courses. À la campagne, ils travaillent dans les fermes.

LA VIE CULTURELLE

La civilisation des Mayas et plusieurs siècles de domination espagnole ont doté l'Amérique centrale d'une riche histoire culturelle. On connaît les sites anciens comme Tikal et Copán, mais d'autres palais et temples sont encore profondément enfouis dans la jungle.

L'Amérique centrale possède de nombreuses églises coloniales aux façades colorées, qui abritent de magnifiques autels en or, ainsi que de très belles constructions dans des villes comme Antigua, au Guatemala et Comayagua, l'ancienne capitale du Honduras.

Les traditions indiennes et espagnoles sont encore très présentes dans les républiques et influencent largement les arts : la musique, les danses, l'artisanat et même les fêtes. Afin d'encourager les créateurs, la plupart des pays ont créé des bibliothèques, des instituts culturels et des musées nationaux.

Le développement de l'industrie du cinéma et de la télévision témoigne d'une influence nord-américaine. Les sociétés cinématographiques établies à proximité du Mexique et de Cuba ont également contribué à rendre le cinéma plus populaire.

Miguel Ángel Asturias
Ce romancier guatémaltèque, mort en 1974, reçut le prix Nobel de littérature en 1967. Son roman le plus connu est *El Señor Presidente (Le Président).*

Rubén Darío
Le célèbre poète nicaraguayen Rubén Darío (1867-1916) eut une grande influence sur la littérature latino-américaine. Il créa une nouvelle forme de poésie appelée *modernismo*.

Fresques politiques
La caserne des pompiers de León, au Nicaragua, est décorée de peintures murales d'inspiration politique. Sur la gauche, on peut voir le héros national Augusto Sandino qui pose son pied sur la tête d'Anastasio Somoza.

L'artisanat au Honduras
Au Honduras, on produit des objets artisanaux très variés, parmi lesquels des vêtements tissés, des sculptures en bois, des céramiques, des colliers de perles, ainsi que des ouvrages en cuir ou en macramé (fil noué).

LES LOISIRS

Le football et le base-ball sont les sports favoris des Centraméricains. Ils sont très répandus et les enfants y jouent, les uns en ville, les autres pieds nus sur des terrains broussailleux à la campagne. Les matchs disputés dans les grands stades municipaux attirent une foule de spectateurs. Les sports qui exigent un équipement, comme le tennis ou le golf, sont presque uniquement pratiqués dans des clubs privés. Des boxeurs panaméens se sont élevés au niveau international. Le catch est également assez populaire au Panamá.

Le relief de l'Amérique centrale est idéal pour les activités de plein air : la marche, les randonnées en montagne, l'exploration des forêts et les sports aquatiques sur la côte. Les meilleurs endroits, pour qui aime l'eau et veut nager, avec ou sans tuba, se trouvent près des îles de la Baie. La plupart des villes ont des espaces verts où les citadins peuvent se promener et pique-niquer.

La musique et la danse occupent une place importante dans la vie des Centraméricains. Les styles de musique sont variés, depuis les rythmes traditionnels des Caraïbes ou afros, jusqu'au rock moderne, en passant par la valse.

La marimba
Les groupes qui jouent de la marimba sont très populaires. Cet instrument fut introduit par les esclaves venant d'Afrique. À l'aide de deux petits marteaux, le musicien frappe les touches de bois, chacune produisant un son différent.

Match de base-ball à Managua
On voit ici un match de base-ball disputé dans le Stade national, qui compte 50 000 places. Ce jeu fut introduit au Nicaragua par les forces militaires nord-américaines qui occupèrent le pays à partir de 1912. Le *beis*, comme on l'appelle, est aujourd'hui très populaire.

Le carnaval
Il y a beaucoup de jours fériés et de fêtes durant lesquels la population descend dans les rues pour s'amuser dans une ambiance bruyante et colorée.
La foule, vêtue de costumes multicolores, participe à la fête, se joint aux processions, admire les feux d'artifice et applaudit les danseurs masqués.

Les courses de chevaux
Les courses de chevaux sont populaires au Panamá. Elles se déroulent tous les week-ends à l'hippodrome du Président-Remon.

L'AMÉRIQUE CENTRALE DE DEMAIN

La révolution sandiniste du Nicaragua en 1979 fut une étape très importante pour l'Amérique centrale. Enfin, le peuple parvenait à combattre la domination des dictateurs et des riches propriétaires terriens établie depuis tant d'années.

Une partie de la population voulait participer à l'élaboration de son avenir et demandait un partage plus juste des richesses. Certains pensaient que l'on pouvait y parvenir en négociant avec le gouvernement en place. Durant les conflits, quelques pays d'Amérique centrale et du Sud fondèrent le Groupe de *Contadora*, nom de l'île, au Panamá, où s'était tenue leur première réunion en 1983. Ils préconisaient une réduction progressive de la production et de l'utilisation des armes, et la cessation de l'ingérence des pays étrangers dans la politique locale. Les idées de ce groupe latino-américain étaient très bien perçues par les populations, et son action représentait un grand espoir pour les pays en guerre.

Depuis le début des années 90, les conflits ont cessé au Nicaragua, ainsi qu'au Guatemala et au Salvador. Pourtant, des tensions subsistent : les difficultés sociales et la situation économique précaire mettent en danger cette paix encore fragile.

Le président Arias
En 1987, Oscar Arias, alors président du Costa Rica, proposa un plan de paix pour l'Amérique centrale. Ce plan, qui reçut un soutien international, avait pour objectif de mettre fin aux guerres civiles dans la région, de travailler à la mise en place de la démocratie et d'établir un Parlement centraméricain. Le président Arias se vit décerner le prix Nobel de la paix.

Les adultes de demain
Les enfants que l'on voit ici sont de Chichicastenango, au Guatemala. Quel sera leur avenir ?

Oublier le passé
La plupart des pays d'Amérique centrale ont eu une histoire mouvementée. Ils ont connu des conflits politiques et de nombreuses catastrophes naturelles. Tous espèrent que le XXIe siècle leur apportera un avenir plus paisible.

L'avenir des jeunes
On estime que la moitié de la population du Nicaragua a moins de vingt ans. Beaucoup de jeunes engagés dans la révolution aident maintenant à remettre leur pays sur pied. L'avenir de l'Amérique centrale est entre leurs mains.

INDEX

Source des illustrations

Illustrations : Ann Savage.
Photographies (h=haut, b=bas, m=milieu)
Couverture : *Festival de Notre-Dame de Guadeloupe, Mexico, Mexique*, Robert Frerck, © Fotogram-Stone ; page 7 Boutin/Zefa ; page 8 Hallam Murray/Photothèque Amérique du Sud (SAP) ; page 9 Peter Ryley/SAP ; page 10 J. G. Fuller/Bibliothèque Hutchinson ; page 11 Marion Morrison/SAP ; page 13 Hilary Bradt/ SAP ; page 15 Flora Bottomley/SAP ; page 16 Tony Morrison/SAP ; page 17 Flora Bottomley/SAP ; page 18 Photothèque Robert Harding ; page 19 Bibliothèque Hutchinson ; page 21 h Popperfoto, b J. Allan Cash Ltd ; page 22 h Jevan Berrange/SAP, b Michael Cannon/SAP ; page 23 Peter Ryley/ SAP ; page 25 Photothèque Robert Harding ; page 26 h Marion Morrison/SAP, b Edward Parker/SAP ; page 27 Dr Nigel Smith/ Bibliothèque Hutchinson ; page 28 Rex Features ; page 29 Flora Bottomley/SAP ; page 30 Jevan Berranger/SAP ; page 31 h Marion Morrison/SAP, b Gary Willis/SAP ; page 33 h J.-G. Fuller/Bibliothèque Hutchinson, m Charlotte Lipson/SAP, b Jevan Berrange/SAP ; page 34 Hallam Murray/SAP ; page 35 h Flora Bottomley/SAP, b Michael Macintyre/Bibliothèque Hutchinson ; page 36 h Hallan Murray/SAP, b Gary Willis/SAP ; page 37 Brian Moser/SAP ; page 38 DAS Photo ; page 39 Photothèque Robert Harding ; page 41 Gary Willis/SAP ; page 42 Gary Willis/SAP ; page 43 Hilary Bradt/SAP ; page 44 Hallam Murray/ SAP ; page 45 h Hallam Murray/SAP, b Gary Willis/ SAP.